Helmut Peters

Nichts ist was ist

Aphorismen, Gedichte, Texte

ATHENA

Die Deutsche Bibliothek – CIP-Einheitsaufnahme

Peters, Helmut:
Nichts ist was ist : Aphorismen, Gedichte, Texte / Helmut Peters. - 1. Aufl. - Oberhausen : Athena, 1999
   (Edition Exemplum)
   ISBN 3-932740-49-1

1. Auflage 1999
Copyright © 1999 by Athena Verlag,
Mellinghofer Straße 126, 46047 Oberhausen
Alle Rechte vorbehalten
Druck und Bindung: Difo-Druck, Bamberg
Gedruckt auf alterungsbeständigem Papier (säurefrei)
Printed in Germany
ISBN 3-932740-49-1

Josef Reding

Kürzesttexte gegen Endlostiraden
Eine Zuschreibung zum literarischen Debüt von Helmut Peters

»Ich verspreche nichts«, sagte der Versprecher, »versprochen ist versprochen!«

Mit solchen komprimierten Aphorismen legt Helmut Peters Sprechblasen, Worthülsen und Redefloskeln bloß. Diese Schludrigkeiten und rhetorischen Angebereien findet der Autor mit feinem Gespür im Sprachfilz heutiger Politik, in der blasierten Konversation während Ausstellungseröffnungen und Preisverleihungen.

Während der Lektüre der unaustauschbaren Bonmots fällt es dem Leser wie Schuppen von den Augen. Hat er diese Sprachverrenkung nicht erst gestern gehört: im Bundestag, bei einer Vernissage, im Großraumwagen des Intercity Hamburg-München?

Aber Helmut Peters beläßt es nicht mit dem Aufpieksen von Sprechblasen zeitgenössischer Machthaber und Tonangeber. Auch der private Bereich wird selbstkritisch ausgelotet. Hier kann der Autor von einer Zartheit und Behutsamkeit sein, die Teile seines Werkes zu einem Vademecum für Liebende macht: »gestern noch suchte ich nach Worten / heute fand ich sie auf dem zettel / von dir!«

Mit diesem Band voller überzeugender Texte gelingt dem Verfasser ein Einstieg in die Gegenwartsliteratur, soweit sie diskutierwürdig ist. Dieser Erstling von Helmut Peters wird und darf nicht ein Solitär bleiben.

Sprachwäsche

Da hängen sie, die Worte
auf der Leine
zum Trocknen
Wort für Wort
jedes für sich
für dich
für mich.

Hat ihnen gut getan
die Wäsche
bei 60 Grad.
Siehst Du
selbst das Schleudern
hat sie nicht
durcheinandergebracht
genau wie es
in der Beschreibung
stand.

Nimm sie noch heute abend
von der Leine

die Nachbarn –
du weißt.

»Ich verspreche nichts«
sagte der Versprecher,
»versprochen ist versprochen!«

Gedankensplitter unter die Haut

Schattenlichter der Großstadt
am Rande des Schattens lichtet es sich
Schattenspielertricks
lichte Momente fristen ein Schattendasein
Schatten kann man nicht in's rechte Licht rücken

Lichtbrücken überwinden Schatten
Schatten für Schatten lichtet sich
Schatten – unterbelichtete Stätten des schweren Nichts
Tagesschlafwandler machen den Tag zur Nacht und die Nacht zum Tage.

Nichts ist so schwer wie das Leichte.
Im Schatten des Nichts ist Nichts.
Einsam wacht der ÜberSchatten

Begegnung

Seit Stunden bin ich schon unterwegs. Meine volle Konzentration ist auf die Straße gerichtet. Die Scheibenwischer können nur mühsam die Wassermengen bewältigen, die auf die Frontscheibe prasseln. Sie sind ununterbrochen in Bewegung. Seit Stunden. Das schwache Scheinwerferlicht reicht kaum aus, um den Fahrbahnrand auszuleuchten. Die Augen brennen durch die Anstrengung. Erst jetzt fällt mir auf, daß das Radio nicht funktioniert, eine Geräuschabwechslung hätte gut getan. So aber höre ich immer nur das gleichbleibende Geräusch singender Reifen auf nassem Asphalt, gekoppelt mit dem ruhigen Brummen des Motors.

15 Kilometer trennen mich noch von mir.

Ich hocke am Straßenrand. Das handbeschriftete Pappschild ist längst vom Regen durchweicht. Die Schrift »Bremen« ist zu einem unlesbaren Etwas zerflossen. Das Schild beginnt, sich langsam von der Befestigung der Holzstange, die neben mir im aufgeweichten Boden steckt, zu lösen. Kaum spüre ich die Feuchtigkeit und die Kälte, die durch die Kleidung, durch die Haut, ins Körperinnere eingedrungen sind. Das durch nichts unterbrochene Prasseln des Regens rieselt in mein Gehirn. Die Zeit hat sich im Regen aufgelöst, sie existiert nicht mehr. Da ist nur das monotone Geräusch des Regens.

5 Kilometer trennen mich noch von mir.

Ich muß dringend eine Pause einlegen. Aber noch ist es nicht so weit. Ich durchwühle das Handschuhfach nach Zigaretten. Alles, was ich aus dem Fach fische, lege ich auf den Beifahrersitz, betaste es und werfe es schließlich auf den Boden. In der hintersten Ecke finde ich endlich, was ich suche. Mit zitternden Fingern ziehe ich eine Zigarette hervor und stecke sie mir in den Mund.

Ein untypisches Geräusch reißt mich aus meiner Versenkung. Hört es sich nicht nach einem Motor an? Ich starre angestrengt in den Regen, in die Richtung aus der das Geräusch kommt. Ein Licht bewegt sich auf mich zu. Dann zwei.

Ich fingere in der Jackentasche nach meinem Feuerzeug. Ich zünde ein paar mal vergeblich.

Ich springe auf. Meine bleierne Müdigkeit ist mit einemmal verschwunden. Neue Hoffnungsschimmer haben sämtliche Energiereserven mobilisiert. Ich renne dem Fahrzeug entgegen. Da flammt ein drittes Licht auf – im Wageninnern.

50 Meter trennen mich noch von mir.

Das Feuerzeug flammt erst nach dem 5. Versuch auf. Für 1 Sekunde bin ich geblendet. Ich sehe mein Spiegelbild in der Windschutzscheibe.

> **Zwei Tote auf der Landstraße.** 20 km vor Bremen wurden gestern abend bei einem Verkehrsunfall ein Fußgänger und ein Autofahrer tötlich verwundet. Der Fußgänger, offensichtlich ein Tramper, war auf der Stelle tot. Der Fahrer geriet bei dem Versuch, auszuweichen, ins Schleudern und prallte auf nasser Fahrbahn mit seinem Wagen gegen einen Baum. Er starb auf dem Weg ins Krankenhaus. Die Leichen konnten noch nicht identifiziert werden. Das Fahrzeug war als gestohlen gemeldet.

Auf dem Weg
das Gefühl
in Worte zu fassen
ging es
verloren

Titeltanz

Aus meinem prallen Leben hört meine Reise ans
Ende der Nacht. Im Jahr des roten Drachen war's, da
hörte ich die Eule, sie rief meinen Namen.

Auszug aus einer ungehaltenen Rede

während – zumal – außerdem
insbesondere – vor allen Dingen – in dieser Zeit –
speziell – gerade die –
über alle Maßen – wunderbar –
in diesem unserem Lande – im wesentlichen
Vielen Dank für ihre Aufmerksamkeit

Auflösung

Nebu lös die Ketten!
wieder auf Erstehung des
Gewesenen pochen vergangener
Epochen des Herzens
Halte Punkt und Komma
rüber ohne VerZug der Zeit
rollt über Ge(h)leise sonst
hört man dich noch –
die Knarren der Treppe
sind auf Mün-
Dung gerichtet, implodieren
de Gestalten, schalten, walten
wie sie wollen
ver-rückte Schrank
Wände sind voll
gespritzt mit Lack
Grün der Gemein
Schaften doch eine ganze
Menge, die sich nicht ge
rufen alle nach dem Hen-
ker geh mich nich aufn Senkel
mit der Scheiße.

»Nur Liebe verändert die Welt«
sagte der Papst zu Weihnachten.
Deswegen dürfen wohl auch die
Priester nicht heiraten

Nach denken
kommt
handeln –
manchmal

Denk schon mal vor
Wir denken nach

Vor denken
ist besser als
nach denken

Lieber vorher
als
nach denken

Wir brauchen keine Vordenker,
sondern Menschen,
die nachdenken

Ich

Ich falle

Ich falle immer

Ich falle immer wieder

Ich falle immer wieder auf

Ich falle immer wieder

                                    auf meine Füße

Ich folgte der Stimme bis Blaubarts Zimmer. Wie
Blätter im Wind klangen die Worte des Sohnes des
Schlächters aus dem Inneren:

Goethe-Neudeutsch

Frühling läßt sein
blaues Band –
ey kuck ma, da
flattert schon widda
so'n Dingen –
vorbei!

Flüchtige Unbekanntschaft

Wir sehen uns an
Durch verschmutzte Scheiben
Weil Rot ist:
Ein Schau-mich-nicht-so-an-Blick
Ein Lächeln
Huscht über die gespannten Gesichter
In der Gewißheit
Des Bestimmtnichtwiedersehens
Blicke ich gelassen
Zurück

```
        M
        I
        N    K
STUND E N
        T    I    Z
   S E K U N D E N
        N    E    I
                  T
```

Gut erhaltene Kleinfamilienhaushälfte
günstig zu erwerben –
Wir geben Ihrer Zukunft ein zu Hause!

»Ich mache aus Dir ein Lustobjekt«. Beim
Venusmond, welche Worte!

Gratwanderung

auf schmalen
Hoffnungsstreifen

balanciere ich
über die

grundlose
Trauerschlucht

Grenzerfahrung

Es war passiert. – Jetzt konnte ich nicht mehr zurück. Selbst wenn ich gewollt hätte. Die Landschaft rast an mir vorbei. Die Autos vor mir verschwimmen vor meinen Augen.

Ich muß unbedingt eine Pause machen – aber jetzt noch nicht – es ist noch zu früh. Ich versuche, mich auf das zu konzentrieren, was hinter mir liegt. Ich, ausgerechnet ich, habe es geschafft. – ich kann stolz auf mich sein. Stolz? Ja, natürlich – ich als geborener Versager: Abgebrochene Schule, abgebrochene Lehre, abgebrochene Ehe – abgebrochenes Leben?

Jetzt wird sich alles ändern – mit einem Schlag – jetzt steige ich auf, auf der Erfolgsleiter. Die sollten mich nicht mehr hänseln – damit, daß ich alles anfange und nichts zu Ende bringe – diesmal hatte ich ganze Sache gemacht. Für sie, die ich zurückließ, war ich ja sowieso gestorben – gestorben? Ja, ich war für sie gestorben. Aber sie, sie waren noch da, lebendiger und quälender als je zuvor: in meinem Kopf, in meinen Gedanken. Sie verfolgten mich unbarmherzig.

Ich schüttele den Kopf, als ob ich damit meine Gedanken abschütteln könnte.
Plötzlich muß ich scharf bremsen, um einen Unfall zu verhindern. Für einen Moment bin ich hellwach. Um Himmels willen – bloß jetzt keinen Unfall – bloß nicht schlapp machen jetzt! Noch fünfzig Kilometer – dann bin ich aus dem Gröbsten raus.

Ich beschleunige wieder auf hundertvierzig Stundenkilometer. Mit der Beschleunigung kommen auch die Gedanken wieder. Mein Gott – was hätte alles passieren können, wenn alles schiefgegangen wäre. Vor zwei Tagen hatte ich noch zu mir selbst gesagt: Das schaffst du nie. Aber dann, nach dem Anruf, und nachdem ich mir ein bißchen Mut angetrunken hatte, schien alles zu laufen wie geschmiert. Und so einfach. Es hatte alles geklappt, wie vorausgeplant. Aber was wäre gewesen wenn, ja wenn auch nur die kleinste Kleinigkeit, unberechenbar, anders gelaufen wäre?

Die schrecklichsten Bilder laufen in Sekundenschnelle vor meinem geistigen Auge ab – mir wird speiübel, ich bremse hart, fahre rechts ran und übergebe mich.

Danach fühle ich mich wieder besser, befreiter. Die ganze Angst auskotzen, diese unbeschreibliche Angst, die sich wie flüssiges Blei im Magen ausbreitet und nach dem befreienden Finger im Hals schreit. Die Erlösung ist aber meist nicht von langer Dauer, zu viele Bilder sind da in meinem Gehirn – Schreckensbilder, unbeschreiblich, wahnsinnig, grausam. Es ist ein Teufelskreis. Ein Wunder, daß ich aus diesem Teufelskreis ausgebrochen bin. Jetzt sollten sie mich kennenlernen, alle! Jawohl – mich – kennenlernen. Ich schrie, ich schrie es aus vollem Hals, bis die Stimme versagte. Die anderen, die mich überholten oder die ich überholte, mußten mich für verrückt halten.
Verdammt, wieder muß ich hart in die Bremsen steigen – die Reifen spielen das Lied vom Tod. Reiß dich zusammen, Junge, jetzt kein Risiko mehr eingehen – war doch gar nicht mehr nötig.
Wenn nur nicht immer diese Bilder und die Gedanken da wären. Ich setze den Blinker und nehme

langsam die Geschwindigkeit zurück. Ich rolle auf den nächsten Parkplatz.
Fünf Minuten ausspannen, ein paar Kniebeugen. Die frische Luft brennt in den Lungen. Nur noch zwanzig Kilometer bis zum ersten Etappenziel, dann noch die Adresse finden – ich taste in der Brusttasche – ja da ist sie noch.
Ein Wagen biegt langsam auf den Parkplatz ein, fährt im Schritt – Tempo an mir vorbei. Mein Gott, warum glotzen die mich denn so an, als wenn ich vom Mars wäre. Nur keine Panik, ruhig Blut, ganz ruhig ins Auto steigen, Zündschlüssel umdrehen, starten und losfahren. Ich spüre, wie sich die Angstschweißperlen auf meiner Stirn sammeln. Schnell weg hier – ich gebe Gas, Blinker und sofort auf die Überholspur. Den wütend blinkenden BMW-Fahrer registriere ich nur im Unterbewußtsein. Die letzten Kilometer vergehen wie im Flug, ohne Zwischenfälle.
Erst als ich die ersten Vorwarnschilder der Grenze sehe, kriecht mir wieder die Angst die Beine hoch. Langsam, aber stetig, im Schritt – Tempo, wie sich die Geschwindigkeit des Wagens verringert, verkrampft sich mein Magen, schnürt sich meine Brust ein, trocknet meine Kehle aus, würgt der Kloß im Hals. Aus dem Rückspiegel scheint mich der Leibhaftige anzugrinsen. Schnell stecke ich mir noch eine Zigarette an und nehme ein paar kräftige Züge. Jetzt gibt es kein Zurück mehr, nur noch ein Vorwärts, ein ungewisses Vorwärts, aber immerhin. Ich reiße mich zusammen, kurbel neben dem Uniformierten die Scheibe herunter und halte ihm meine Papiere entgegen, während ich mit Mühe ein kurzes »Tag« aus mir herauspresse. Der stechende Blick des Grenzbeamten, der den grauen Ausweis entgegennimmt, brennt förmlich auf meiner Haut, ich wage es nicht, ihm in die Augen zu sehen. »Herr Huber« höre

ich eine Stimme wie aus unendlicher Ferne, »Fahren Sie bitte mal rechts ran«.

Blitzschnell schätze ich meine Möglichkeiten ab – Vollgas, oder frech werden oder ruhig bleiben und der Aufforderung folgen – ich entscheide mich für die letzte Möglichkeit, noch ist nicht alles verloren.
Reine Routine – tröste ich mich, jeder Fünfte ist einfach dran. »Okay« höre ich mich sagen und lenke meinen Wagen auf die rechte Seite. Plötzlich bin ich ganz ruhig, gelassen, ja fast fröhlich – wenn jetzt alles vorbei ist, dann ist es endgültig vorbei – lebend würden sie mich nicht kriegen und einen würde ich mindestens mitnehmen.
Der Grenzbeamte verschwindet mit meinem Ausweis in einem Häuschen. Sollen sie doch den Computer abfragen, über Herrn Huber liegt nichts vor, der ist clean, absolut – also, was kann mir schon passieren. Außerdem, das Papier war von einem Fachmann.
Ich steige langsam aus, lehne mich gegen den Wagen. Meine Gedanken suchen nach Entspannung und schweifen in die Zukunft – heute abend erst mal ein Vollbad, ein gutes Essen, morgen früh ausschlafen, in Ruhe frühstücken wie schon lange nicht mehr. Nahende Schritte reißen mich aus meinen Gedanken. »Danke, Herr Huber« und »Gute Weiterfahrt«. Die Worte klingen wie Musik in meinen Ohren. Ich kann es gar nicht glauben – mißtrauisch zögernd greife ich nach dem grauen Papier, das mir entgegengestreckt wird. »Ist noch was?« Die schneidende Stimme des Grenzers holt mich endgültig in die Realität zurück – meine Finger krampfen sich um das Papier. Ich öffne die Tür – bloß nicht zu hastig – »Nein danke, auf Wiedersehen« sage ich, ohne mich umzudrehen. Im Augenwinkel registriere ich, daß der Beamte stehenbleibt und jede meiner Bewegungen

zu verfolgen scheint. Ist er doch noch mißtrauisch geworden? Der Wagen springt sofort an, Gang rein, langsam losfahren. Die Uniform wird kleiner und kleiner und verschwindet schließlich ganz aus dem Rückspiegel. Das war verdammt knapp. Aber die Generalprobe war überstanden. Ich stecke mir eine neue Zigarette an.

Etwas in mir versucht, mich aufzumuntern – Gedanken, die ich früher nie gekannt habe, schießen mir durch den Kopf – Junge, du hast es geschafft, du bist ein Glückspilz – ab sofort bist du ein Glückspilz! Noch mißtrauisch, aber nach und nach immer besser, lasse ich mich von dem Glücksgefühl einfangen. Immer noch sitzt ein Angstknoten in meinem Bauch, aber das Andere siegt.

Ein Lächeln macht sich auf meinem Gesicht breit – mein Gott, wie lange hatte ich schon nicht mehr gelächelt. Das Lächeln breitet sich aus zum Lachen, erst zögernd, stockend, dann immer heftiger, es erfaßt meinen ganzen Körper, beginnt die ganzen Krämpfe der letzten Minuten, Stunden, Tage zu lösen – Freudentränen schießen mir in die Augen – das Lachen will nicht mehr aufhören. Auch als der Streifenwagen mich überholt, lache ich der roten Kelle entgegen, und das Lachen ist auch noch aus dem Polizeiauto zu hören, nachdem sie mich zu dritt überwältigt hatten – so viel Kraft hatte das Lachen freigesetzt.

Fürsorglich

Mündige
Bürger
werden
vorsorglich
in
Zweifelhaft
genommen

Adé

Ganz langsam und fast unbemerkt
verließ die Erde die Menschen
durch die Hintertür.
Schon lange hatte sie den letzten Fluchtweg geplant,
die Flucht vorbereitet.
Von weitem und für ungeschulte Augen
sah es so aus, als schiebe sich eine Wolke langsam
durch eine halb geöffnete Tür.
Aber tatsächlich löste sich die Erde auf, langsam,
unaufhaltsam, in Zeitlupe und mit ihr alles Leben.

Alles wurde immer blasser und blasser, – Wissen-
schaftler hatten sofort Erklärungen parat –
Phantombilder seien das, das Ozonloch sei Schuld,
an dieser Behauptung hielten sie fest –
bis zum Schluß, bis sie selbst aufgelöst waren.

Die Psychologen glaubten an eine Massen-Psychose,
die Umweltschützer witterten die lang prophezeite
Klimakatastrophe, vor der sie schon immer gewarnt
hatten. Jeder gab dem anderen Schuld, und glaubte
sich im Recht.. Aber auch sie lösten sich auf – ins
Nichts –
wie die liebe Erde, die viel geschundene.

Allein die Astrologen, die Esoteriker, die Irren und
die Gaukler
waren guter Laune und feierten ein großes Fest – sie
hatten es von Anfang an gewußt –
aber Ihnen hatte ja niemand geglaubt.
Im Bewußtsein der Wahrheit hatten sie ihren Spaß,
lösten sich auf und verflüchtigten sich.

geduld

zwei stunden
und zehn
zigaretten lang
habe ich auf dich
gewartet.

als du endlich kamst
war meine wut
verraucht!

Kurz bevor ich das Zimmer stürmte, um die Geburt des Mitternachtssohns live zu erleben, hatte ich Nachtvisionen:

auflösend
zerfließende grenzen
lose freiheit ins
NICHTS

die luftblasen zerplatzen
lassen loslassen

traumwandel gegen
die abendsonne

schön.

Loslassen um festzuhalten

Ich lasse Dich los
um Dich festzuhalten
denn wenn ich Dich festhalte
bin ich Dich los.

Ich blockiere mich und Dich
wir kommen keinen Schritt voran,
wir kommen zum Stillstand

Ich lasse Dich los und lasse Dich frei
und bin selbst frei
und so können wir uns offen begegnen
mit freiem liebendem Herzen umarmen
und festhalten,
um uns dann wieder loszulassen.

Vater-Traum

Ich träume mir einen Vater,
einen, der mit mir lacht
und mit mir weint,

einen, der mir zeigt,
wie man Feuer macht,

einen Vater, der mir sagt,
das er mich liebt, wie ich bin.

Ich träume mir meinen Vater,
der mir Mut macht,
wenn ich Angst habe,

einen, der mir zeigt, das auch er
Angst und Trauer kennt,

Ich träume ihn, wie ich gern hätte

meinen Traumvater.

Die Wüste lebt

Ich hab's gewußt – die Wüste lebt!

Schau, da streckt sich eine Hand
aus dem Sand – zum Gruß
und da, schau mal, da wachsen Haare
Haare aus dem Boden
wie Büschel vertrockneten Grases.

Hurra, die Wüste lebt, ich hab's gewußt.
Die Wüste ist entvölkert, aber sie lebt.

Und da, schau nur, ein Bein über dem anderen
wie unanständig
Fuß bei Fuß bei Fuß, schau nur wie die Wüste lebt.

Und dort, dort auf der Sandbank
ruht sich der große Künstler aus.

All-Gegenwärtigkeit

Laß Deinen Ballast fliegen
schwing Dich auf in die Lüfte

nichts ist so leicht, wie das Schwere

laß Dich treiben vom Wind und
stelle die Verhältnisse
auf den Kopf

Nichts ist schwerer
als das Leichte!

Mein alter Deutschlehrer erschien mir als
Doppelschatten, nahm mich in seine Mitte
und führte mich fort mit den Worten: »Nichts ist so,
wie es uns scheint!«

Nichts Nutz

Ich habe *Dich* benutzt
Du hast *mich* benutzt
Er hat *sie* benutzt
sie hat ihn benutzt

wir fühlen *uns* benutzt
von *Euch*

sie werden versuchen
uns auszunutzen
aber

es wird ihnen
nichts nützen.

Nestwarme Gedankenfetzen

fliegen in die weite Ferne
sichelmondsüchtig
eintauchen in die blaue
Stille der Seele
weg, weit weg
von der zerbrochenen
Realität.

Aufbruch

Die Zeit, die große Wasseruhr,
ist ausgelaufen, versickert im Boden
langsam aber stetig,
die alte Zeit ist abgelaufen für die neue
die zeitlose Zeit

Der Boden zeigt seine Schätze freiwillig,
Täler rotten sich zu Bergen zusammen,
Berge öffnen ihre Pforten weit und hoch
bieten Einlaß in die Schatzkammern der Erde
in der zeitlosen Zeit.

Jeder kann kommen, sehen und staunen.
Die alte Zeit bleibt noch eine Weile liegen
als Erinnerung und als Mahnmal,
bevor sie endgültig versickert.

Kommt, seht und staunt – die neue zeitlose Zeit
ist angebrochen
und zeigt seine unvergänglichen Schätze
nach denen wir zeitlebens gesucht haben.

Vor-Sicht

wer immer nur

T H C I S K C E U R

nimmt

hat irgendwann
das
Nach-Sehen

kopfwelt

hunderte kleiner
fledermäuse
schwärmen aus

formieren sich

tanzen den tanz
der phantasie
die ganze nacht

um pünktlich
vor dem erwachen
in die dunklen
taggewölbe
zurückzukehren.

Betroffen durch die unerwartete Ankunft des Wissens ließ ich mich von ihm wegführen wie ein Mann, der seine Frau mit einem Hut verwechselt.

Beziehungsende

der himmel
hängt voll wolken
und ich
an Dir

Warum

fragen wir heute
nach morgen
wenn wir
noch nicht begriffen
haben
was gestern
geschah?

Maskentraum

herrscherin der maske
wolkenverhangen
mondlichtdurchflutet
zeigst mir
traumsekundenschnell
meine tausend alltäglichen masken
»erkenne dich selbst« fordert jedes maskenbild,
mal laut, mal leise, schmollend, lachend.
»das bist du – ja du!«
ein unüberhörbar lauter maskentanz fegt
an mir vorbei – berauschend bunt
mummenschanz der gefühle

herrscherin der maske
»was sollen die fratzen da?« »das bist du – ja du!«
die fratzen kommen meist nur nachts,
schrecken mich auf. »erkenne dich, auch das bist du!«
unmöglich! die clownsmaske ja, die des kleinen
jungen, okay, aber diese entsetzlichen masken –
niemals! »nimm sie fort von mir, herrscherin der
maske« – »zeig mir meine
traummaske«

kindergeburtstag

unter geschenken begraben
von oben bis unten
mit trost bekleckert
hilflos die arme
zur decke gestreckt,

lautloser schrei
nach liebe.

ungefragt

sitze ich
am ufer

den warum-köder
aufgespießt
auf den angelhaken

warte ich
in untergehender sonne
auf antwort

aus dem see der
erinnerung

Ich dachte gerade an den letzten Sommer des glücklichen Narren – er hatte ein Begräbnis erster Klasse bekommen – als ich aus den Augenwinkeln den dritten Schatten wahrnahm:

Arbeitsalltag

der stille entflohen,
um den gedanken freien lauf zu lassen –
den lärm der kneipe
im bier ertränkt
kreisen meine gedanken immer noch
um den heißen brei der katzen –

ich schleiche zurück in die stille
und übergebe mich
dem schlaf.
kurz vor augenschluß schrecken mich
halbverse aus dem halbschlaf –
ich verforme sie zu einem text.

deine blauen augen
blicke
betäuben meine sinne

– gut auch –

sonst würden diese
mir wieder
einen strich
durch die rechnung
machen

verkehrte welt

die toten
eilen
durch verstopfte straßen,
noch um eine nuance
bleicher geworden
– vor schreck –
beim anblick dessen,
was sie angerichtet haben.

die lebenden
schauen
durch ein riesiges schaufenster
– still lächelnd –
dem ausverkaufsrummel
des lebens zu.
während sich die irren
krampfhaft bemühen,
das zu bleiben, was sie sind,

warten die gesunden
in den häusern der irren
geduldig
auf die letzte pille.

»du bist mir so fremd geworden«
sprach der plastikwurm
und biß sich
an dem holzstuhl
die zähne aus.

fraglos

antworten
auf nie
gestellte fragen

verschollen
im meer der
erinnerungen

an gestern
heute und
morgen

harmlose fische
fördern tägliche
verdauung

aber nicht antworten
auf brennende
fragen

kommen und gehen

wo wir herkommen
geht nichts mehr
ohne einkommen

kein auskommen für
unsere nachkommen

sie verkommen durch
unsere abkommen

es gibt kein durchkommen
mehr da wo wir herkommen

komm, laß uns gehen.

S a g   e r

A: Sag er, was sagt er dazu? Na? Mann, sagen Sie Ihre Meinung!

B: Wozu!

A: Dazu.

B: Wozu?

A: Mann. Ist er taub? Nein er ist nicht taub. Er ist nicht stumm. Ist er nur dumm? Nein, zu dumm, er ist nicht dumm. Noch mal – was sagt er dazu?

B: Ja.

A: Ist das Ihr Ernst?

B: Nein.

A: Na also. Unter uns, ich habe Sie schon immer so eingeschätzt.

B: Wie?

A: Na so!

B: Wie?

A: Mann, sind Sie anstrengend. Ich meine, Sie halten mit Ihrer Meinung nicht hinterm Berg, nicht wahr?

B: Nicht wahr!

A: Oh! Ich dachte immer, Sie, gerade Sie, wären auf unserer Seite! Dachte ich ...

B: Auf welcher?

A: Na auf unserer. Mann Gottes ...

B: Ja!

A: Wie: Ja? Hab ich Sie doch falsch eingeschätzt? Sie, jetzt haben Sie mich aber ganz schön auf's Glatteis geführt, ganz schön irritiert haben Sie mich. Aber Sie sind einer von uns. Sie sind kein Spitzel. Sie nicht! Sie sind ein Prüfer. Aber die Prüfung habe ich doch bestanden, was. Sagen Sie jetzt nichts. Die Nichtssager sind mir hundertmal lieber als die Jasager.

B: Nein, was Sie nicht sagen! Schwätzer!

Schamlos schön tanzte der ungebetene Gast vor mir her. »Bunter Vogel Sehnsucht« rief ich und eilte dem Wesen nach.

Bekenntnisse

Ich habe versagt

meinen Eltern den Gehorsam

meinen Geschwistern die Liebe

meinen Lehrern die Aufmerksamkeit.

Ich habe versagt

dem Arbeitsmarkt meine Arbeitskraft

dem Finanzamt meine Steuerkraft

dem Staat meine Loyalität.

Ich habe versagt

meiner Frau die Treue

meinen Kindern die Freiheit.

Ich bin ein Versager.

»ich will nicht kämpfen,
ich will leben!«

schrie die schnecke

und biß sich
durch den salat.

voll
mond durchwachte nächte
wüstensandige blutschreie
springen mich an gemischt

mit fetzen vermeintlicher
elterlicher fürsorge un

erledigtes türmt sich zu
bergen wehrlos

wehrhaftes ringen um schlaf
sekunden

mir graut der morgen.

Sternschnuppen

Kurz nach Neun abends, früher und vor allem freiwilliger als sonst, fiel Bernd totmüde ins Bett. Den Gute-Nachtkuß der Mutter nahm er kaum noch wahr. Nach dem langen Tag war das für den 10-jährigen kein Wunder. Den ganzen Tag fast auf den Beinen – Ostermarsch – Bernds Eltern waren Aktive – da war er abends rechtschaffen müde. Die ganzen Sprüche und Transparente geisterten ihm durch den Kopf und machten sich selbständig: »Frieden schaffen, ohne Waffen« »Geld für Bildung statt für Rüstung«, »Ent-rüstet Euch« ... und so weiter. Bernd hatte endgültig die Nase voll von den dummen Menschen, die willentlich und wissentlich die Erde kaputt machten. Selbst vor den Sternen und dem guten alten Mond, den er am liebsten mochte, machten die Menschen nicht halt. Starwars, Krieg der Sterne – war die Zukunftsmusik. Aber noch waren die Sterne nicht unmittelbar in Gefahr. Er machte sich auf den Weg.
Als erstes lief er dem »*Großen Bär*« über den Weg. »Wohin des Wegs, Kamerad«. brummte er Bernd mit tiefer Stimme an. »Ich weiß nicht« murmelte er, »ich wollte nur weg von der Erde, nur weg«. »Das kann ich gut verstehen« brummte der Bär, »Menschenskind, da habt ihr aber auch ganz schön gehaust, es stinkt ja zum Himmel.« »Ja, man riecht's« stimmte der Junge etwas beschämt zu. »Und was willst Du jetzt machen?« fragte ihn der *Große Bär* und legte seine Pranke auf Bernds Schulter. »Mmh« machte Bernd, denn darüber hatte er sich bei seinem doch recht plötzlichen Aufbruch keine Gedanken gemacht. »Mmh« machte er noch einmal. »Weißt Du was« brummte der Bär freundlich »ich lade Dich zu einer

Himmelfahrt ein.« »Weißt Du«, gestand Bernd »Sterne sind mir eigentlich ziemlich Schnuppe«. »Das sag nicht noch einmal« knurrte der *Große Bär* plötzlich böse. »War nicht so bös gemeint« beeilte sich Bernd den Bären zu beschwichtigen, »ich wollte nur damit sagen, daß ich keinen blassen Schimmer von euch habe.« »Das will ich Dir schon beibringen« brummte der Bär besänftigt. »Wir nehmen den *Großen Wagen*, ich spanne mich davor und ab geht die Post« rief der Bär begeistert. Insgeheim war er nämlich sehr froh über die nicht alltägliche Ablenkung. »Weißt Du, jahrtausendelang am Himmel stehen, ohne Bewegung, ist auf Dauer auch ganz schön langweilig und macht steife Knochen.« Bernds Begeisterung wuchs. »Ja, prima« rief er, »auf zum großen Sternenlehrpfad«. Der *Große Bär* nahm Bernd auf den Arm und eilte mit ihm auf den *Großen Wagen* zu. Er erklärte diesem kurz, um was es ging. Auch der *Große Wagen* freute sich über die bevorstehende Spritztour und schon spannte sich der *Große Bär* vor den *Großen Wagen*. Nachdem er den Jungen auf dem Kutschersitz behutsam abgesetzt hatte, ging's langsam los. Quietschend und knarrend und in allen Fugen ächzend ging es gemächlich über die holprige Milchstraße. »Wir fahren zuerst mal zur Venus« rief der Bär dem Jungen zu. »Das ist eine alte Freundin von mir, die wird Augen machen. Da bekommen wir erstmal ein kräftiges Frühstück. Nach der Anstrengung habe ich bestimmt einen Bärenhunger.« Bernd nickte nur, denn mit seiner Stimme hätte er den Bären sowieso nicht erreicht.

»Aufstehen, frühstücken«. Irgend jemand rüttelte ihn an seiner Schulter. »Hallo Venus, sind wir schon da?« Die Mutter sah Bernd erstaunt an. »Hast wohl geträumt, was?« Bernd rieb sich die Augen und stöhnte. Er fühlte sich ziemlich gerädert.

die angst steigt
nachricht für nachricht
spürbar.

immer neue sackgassen
öffnen sich vor
hastig verschlossenen augen.

die notausgänge werden
rund um die uhr
bewacht.

selbst-erfahrung

nur selten
vermögen die
artilleriegeschosse
des therapeuten
ernsthafte beschädigungen
der gummiwand
zu erzielen.

wenn jedoch
– wider erwarten –
ein querschläger
ein loch in die gummihaut
brennt,
fängt es mächtig an
zu stinken.

Doch ein schwerbewaffneter Seelenwächter hinderte
mich daran, die Wahrheit der Rose zu entdecken.

Herbstalltag

Im Kerzenmonat November
sitze ich im Café,
bei einer heißen Schokolade.

Mein Tischnachbar pult sich
mit einem Zahnstocher
die Trauerränder unter
seinen Fingernägeln hervor.

Ich warte auf Ideen.

»… es besteht kein Handlungsbedarf« höre ich aus
dem Radio.
Beruhigt
lasse ich für den Rest des Tages
drei heiße Schokoladen in mein Gehirn tröpfeln.

scheinbar
unscheinbar

scheine ich bar
jeden scheins

doch der schein
trügt.

Aus dem Leben einer eisernen Holztür

Sie hatte einen eisernen Willen gegen die, die sie nicht leiden konnte. Vor allem gegen Klinkenputzer blieb sie hart.
Auch Sesam-Öffne-Dich-Scharlatane erkannte sie schon am Händedruck.

Und das kam so:

Ein tapferes Schreinerlein hatte die »eiserne« Holztür im Schweiße seines Angesichts und mit seiner geschundenen Hände Arbeit einer hohen Herrin gedrechselt. Die Erstellung der Holztür war eine Terminarbeit mit der besonderen Auflage, in die Mitte der Tür ein Herz zu schnitzen.

Mit einfachstem Werkzeug schuftete das arme Schreinerlein zwei Tage und zwei Nächte, um die Tür mit Herz pünktlich zum Geburtstag (denn das war der Anlaß) der vornehmen, reichen Dame fertigzustellen.

Als Lohn sollte er einen Taler erhalten; sollte die Tür aber nicht rechtzeitig fertiggestellt sein oder nicht zur Zufriedenheit der Auftraggeberin ausfallen, sollte es dem armen Schreinerlein den Kopf kosten.

Unter solchen Produktionsbedingungen entstand die »eiserne« Holztür, die ihrem Namen redlich gegen alle Unredlichen Ehre machte.

Sie litt mit ihrem Schöpfer bei der Arbeit und rächte ihn, als er geköpft wurde, obwohl die Tür mit Herz rechtzeitig fertig war und an Schönheit nicht zu überbieten war. Und dies nur, weil die reiche Alte zu geizig war, den versprochenen Hungerlohn zu zahlen.

Die neue Besitzerin sollte keine Freude an ihrem neuen Besitz haben.

Um von allen beneidet zu werden, hatte sie als Erste im Lande die Tür für den Abort zum großen Geburtstagsfest erstellen und installieren lassen. Und wie sie beneidet wurde. Die Damen der High-Society zwickten ihre dickbäuchigen Herren beim Anblick der schönen Tür in die Arme, weil sie auch so eine Tür besitzen wollten. Das änderte sich jedoch schnell.

Nach reichlichem Genuß der guten Speisen und Getränke verspürte die Herrin des Hauses ein natürliches Bedürfnis, sich auf das stille Örtchen mit der Herztür zurückzuziehen. Ungläubig starrte sie die Tür an, als diese bei ihrem ersten Versuch, sie zu öffnen, widerstand. Sie drückte noch einmal gegen die Tür, diesmal etwas fester, aber ohne jeglichen sichtbaren Erfolg. Die Tür blieb eisern.

Das Bedürfnis der Besitzerin wurde dringlicher und mit diesem ihre Wut.

Um nicht vor ihren Gästen, die sie doch um die Tür so beneideten, das Gesicht zu verlieren, schickte sie leise zischend einen der allgegenwärtigen Diener nach ihrem Mann.

Dieser, ebenfalls vom Wohlstand bäuchlings reich beschenkt, eilte herbei, sah bestürzt in das schweißnasse, gerötete Antlitz seiner Angetrauten und starrte wie gebannt auf die Tür, als wolle er sie hypnotisieren. Aber auch gegen solche Tricks war die

Tür gewappnet. Sie verzog sich keinen Millimeter. Die Frau sank inzwischen wimmernd vor Schmerz und Scham in Ohnmacht und zu Boden.

Den Mann, der seine Frau nicht leiden sehen konnte, packte die heilige Wut. Er schickte die bösesten Flüche, denen er mächtig war, gegen die Tür und seinen rechten Fuß hinterher.

Ein brüllendes Geschrei, das nicht aufhören wollte, erfüllte das Schloß. Alle Diener, Hunde, Katzen und geladenen Gäste stürzten herbei.

Es bot sich Ihnen ein Bild des Grauens. Der Hausherr krümmte sich vor Schmerz am Boden, Blut quoll aus seinem rechten Schuh. Die Herrin hatte beim ersten Schrei alle Beherrschung verloren und lag wie leblos in ihren Exkrementen. Die Tür aber zeigte keine Spur von Rührung. Sie blieb eisern verschlossen.

Entsetzt flohen alle Gäste, Diener, Hunde und Katzen von dem grausigen Ort des Geschehens und verbreiteten in Windeseile die Mär von der »eisernen« Holztür im ganzen Land.

Die Tür hat im Laufe ihres langen Daseins noch vielen Menschen als Schutz gedient, zum Beispiel vor windigen Versicherungsvertretern, als Stromzähler getarnten Dieben und sonstigen unerfreulichen Zeitgenossen!

Ich erinnerte mich an meine Begleitung und ... da war noch was ..., richtig: am Anfang war die Stimme des Sohnes des Schlächters. Ich riß mich los und eilte zurück zum Zimmer des roten Traums, aber ach ...,

während sich die bäume
das letzte blatt
vor ihre unschuld halten

und auch der wind pfeift
schon aus
dem letzten loch

tanzen den tanz der industrie
naturidentische reagenzglasinhalte
auf atomverseuchtem retortenböden

nur die unschuldslämmer
stehen noch
unter naturschutz

noch unfertig

von der hand des
meisters

löse ich mich
aus der
bildmitte

und stehle mich
aus dem r
          a
             h
                   m
                     e
                           n

gestern noch
suchte ich nach worten
heute fand ich sie
auf dem zettel
von dir!

Sprachwäsche II

Die Sprache – an und für sich genommen – ist ja sauber. Sprache kann nicht schmutzig sein oder werden. Buchstaben sowieso nicht. Schon gar nicht die Buchstaben des Gesetzes. Buchstaben sind buchstäblich jungfräulich rein. Von Geburt an, sozusagen. Aber von Buchstabengeburt kann ja keine Rede sein. Die waren ja schon immer da! *Am Anfang war das Wort.* Das A und O der Sprache. Kein Jota sollst Du abweichen – vom *Wort* und der Schrift.

Aber was wären Worte oder Schriften ohne Buchstaben? Öd und leer. Hülsen. Der Buchstabe wird ignoriert, es zählen nur Worte, Sätze, Romane. Stell Dir vor, nur ein Buchstabe würde verloren gehen – s wär in Katastroph. Nichts würd man mhr vrsthn. Okay, man vrstht noch in bißchn – wi bayrisch. Abr wnn zw Buchstabn fhln, wrds krtsch.

Genug, genug, ich will hier kein Horroszenario entwerfen. Buchstaben verschwinden nicht einfach so von der Bildfläche. Da verschwinden schon eher Menschen.

Einen Buchstaben hat noch keiner entführt. Da würd auch keiner was für geben, wette ich.

Höchstens so ein versponnener Schriftsteller. Schriftsteller klingt wie Fallensteller. Genau. Schriftsteller stellen Fallen, manchmal fallen sie selbst drauf rein.

Aber ich weiche ab.

Ich war beim Buchstabenentführen. Was würden Sie dafür zahlen, wenn das »z« entführt würde? Mal ehrlich. Oder die Polizei. Ja glauben Sie, die würden eine Ringfahndung einleiten? Auch nicht beim »e«. Das wär denen wurscht.

Dabei sind Buchstaben lebenswichtig! Ohne Buchstaben gäbe es nichts. Keine Gesetze, die uns schützen sollen, keine Strafmandate, keine Rechnungen. Was wäre das Leben ohne Rechnungen? Eben. Öd und leer.

Jetzt hab ichs wieder. Wir waren bei sauber.

Saubere Umwelt, saubere Gesetze. Die Sprache kann nichts dafür, wenn etwas schmutzig ist. Ob es die Umwelt oder die Phantasie ist – die Sprache ist unschuldig.

Auch mit Gewalt hat Sprache nichts, aber auch absolut nichts zu tun. Gewalt tut man der Sprache an – nie umgekehrt. Und Sprachverbrecher – an erster Stelle Politiker –, sie gehen straffrei aus. Eine Sprachvergewaltigung ist kein Straftatbestand. Auch wenn man jemand an die Wand redet, wird mensch nicht strafrechtlich verfolgt.

Was man der Sprache nachsagt, daß sie diskriminiert – falsch – die Sprache diskriminiert nicht. Wer die Sprache nicht beherrscht, wird von ihr nicht beherrscht. Sprache ist und bleibt harmlos. Vor allem die Buchstaben. Die am allermeisten.

als ich aus dem Alptraum erwachte, saß ich, mit
Kakao und Pistole bewaffnet, vor dem
verschlossenen ehelichen Schlafzimmer und
murmelte: »Nicht ohne meine Tochter!« *

bloß nicht

bloß nicht auffallen

bloß nicht aus der rolle fallen

bloß nicht

                    leben!

Nichts ist was ist

Glaube nichts, was Du liest
Glaube nur, was Du fühlst

Sprache ist so verführerisch
Laß Dich nicht berauschen
Von schönen Worten
Die Dir die heile Welt vorgaukeln

Nichts ist, wie es ist,
Glaub mir!

Ich weiß, wovon ich rede,
Ich schreibe schließlich!

* Sicher wird dem/der geneigten Leser/Leserin aufgefallen sein, daß sich in dem fragmentierten Text »Titeltanz« eine Vielzahl von Buchtiteln verbirgt.

Wir laden Sie nun ein, die Zahl *aller* in diesem Text enthaltenen Titel zu ermitteln und uns mitzuteilen. Aus den Einsendern mit der richtigen Anzahl losen wir bis zum Jahr 2003 jährlich zum 30. Juni fünf Gewinner aus, die jeweils ein Buch aus unserem literarischen Programm erhalten.

Bitte schicken Sie Ihre Antwort unter dem Stichwort »Nichts ist was ist« mit deutlich lesbarem Absender an:

>   ATHENA Verlag
>   Mellinghofer Straße 126
>   46047 Oberhausen

Wir freuen uns auf Ihre Beteiligung. Der Rechtsweg ist ausgeschlossen.